# My Ebony Thoughts

**DATE:**

**TIME:**

**TITLE:**

# My Ebony Thoughts

| | |
|---|---|
| **DATE:** | |
| **TIME:** | |
| **TITLE:** | |

# My Ebony Thoughts

| DATE: |
|---|
| TIME: |
| TITLE: |
|  |
|  |
|  |
|  |
|  |
|  |
|  |
|  |
|  |
|  |
|  |
|  |
|  |
|  |
|  |
|  |
|  |
|  |
|  |

# My Ebony Thoughts

| DATE: |
|---|
| TIME: |
| TITLE: |
| |
| |
| |
| |
| |
| |
| |
| |
| |
| |
| |
| |
| |
| |
| |
| |
| |
| |
| |
| |
| |

# My Ebony Thoughts

| DATE: |
|---|
| TIME: |
| TITLE: |

# My Ebony Thoughts

**DATE:**

**TIME:**

**TITLE:**

# My Ebony Thoughts

DATE:

TIME:

TITLE:

# My Ebony Thoughts

**DATE:**

**TIME:**

**TITLE:**

# My Ebony Thoughts

**DATE:**

**TIME:**

**TITLE:**

# My Ebony Thoughts

**DATE:**

**TIME:**

**TITLE:**

# My Ebony Thoughts

**DATE:**

**TIME:**

**TITLE:**

# My Ebony Thoughts

DATE:

TIME:

TITLE:

# My Ebony Thoughts

**DATE:**

**TIME:**

**TITLE:**

# My Ebony Thoughts

**DATE:**

**TIME:**

**TITLE:**

# My Ebony Thoughts

**DATE:**

**TIME:**

**TITLE:**

# My Ebony Thoughts

| DATE: |
| TIME: |
| TITLE: |

# My Ebony Thoughts

**DATE:**

**TIME:**

**TITLE:**

# My Ebony Thoughts

| | |
|---|---|
| **DATE:** | |
| **TIME:** | |
| **TITLE:** | |

# My Ebony Thoughts

**DATE:**

**TIME:**

**TITLE:**

# My Ebony Thoughts

**DATE:**

**TIME:**

**TITLE:**

# My Ebony Thoughts

**DATE:**

**TIME:**

**TITLE:**

# My Ebony Thoughts

| DATE: |
| --- |
| TIME: |
| TITLE: |

# My Ebony Thoughts

**DATE:**

**TIME:**

**TITLE:**

# My Ebony Thoughts

| DATE: |
|---|
| TIME: |
| TITLE: |

# My Ebony Thoughts

| DATE: |
|---|
| TIME: |
| TITLE: |

# My Ebony Thoughts

**DATE:**

**TIME:**

**TITLE:**

# My Ebony Thoughts

| DATE: |
|---|
| TIME: |
| TITLE: |

# My Ebony Thoughts

| DATE: |
|---|
| TIME: |
| TITLE: |

# My Ebony Thoughts

| DATE: |
|---|
| TIME: |
| TITLE: |
| |
| |
| |
| |
| |
| |
| |
| |
| |
| |
| |
| |
| |
| |
| |
| |
| |
| |
| |

# My Ebony Thoughts

| DATE: |
|---|
| TIME: |
| TITLE: |

# My Ebony Thoughts

**DATE:**

**TIME:**

**TITLE:**

# My Ebony Thoughts

**DATE:**

**TIME:**

**TITLE:**

# My Ebony Thoughts

DATE:

TIME:

TITLE:

# My Ebony Thoughts

| DATE: |
|---|
| TIME: |
| TITLE: |

# My Ebony Thoughts

| DATE: |
| TIME: |
| TITLE: |

# My Ebony Thoughts

| DATE: |
| --- |
| TIME: |
| TITLE: |
| |
| |
| |
| |
| |
| |
| |
| |
| |
| |
| |
| |
| |
| |
| |
| |
| |
| |
| |
| |
| |
| |

# My Ebony Thoughts

**DATE:**

**TIME:**

**TITLE:**

# My Ebony Thoughts

**DATE:**

**TIME:**

**TITLE:**

# My Ebony Thoughts

**DATE:**

**TIME:**

**TITLE:**

# My Ebony Thoughts

DATE:

TIME:

TITLE:

# My Ebony Thoughts

| DATE: |
|---|
| TIME: |
| TITLE: |

# My Ebony Thoughts

**DATE:**

**TIME:**

**TITLE:**

# My Ebony Thoughts

| DATE: |
| TIME: |
| TITLE: |

# My Ebony Thoughts

| DATE: |
| --- |
| TIME: |
| TITLE: |

# My Ebony Thoughts

**DATE:**

**TIME:**

**TITLE:**

# My Ebony Thoughts

| | |
|---|---|
| **DATE:** | |
| **TIME:** | |
| **TITLE:** | |

# My Ebony Thoughts

| DATE: |
| TIME: |
| TITLE: |

# My Ebony Thoughts

**DATE:**

**TIME:**

**TITLE:**

# My Ebony Thoughts

| DATE: |
|---|
| TIME: |
| TITLE: |

# My Ebony Thoughts

| | |
|---|---|
| **DATE:** | |
| **TIME:** | |
| **TITLE:** | |

# My Ebony Thoughts

**DATE:**

**TIME:**

**TITLE:**

# My Ebony Thoughts

**DATE:**

**TIME:**

**TITLE:**

# My Ebony Thoughts

| DATE: |
|-------|
| TIME: |
| TITLE: |

# My Ebony Thoughts

**DATE:**

**TIME:**

**TITLE:**

# My Ebony Thoughts

**DATE:**

**TIME:**

**TITLE:**

# My Ebony Thoughts

| | |
|---|---|
| **DATE:** | |
| **TIME:** | |
| **TITLE:** | |

# My Ebony Thoughts

DATE:

TIME:

TITLE:

# My Ebony Thoughts

| DATE: |
| --- |
| TIME: |
| TITLE: |

# My Ebony Thoughts

| DATE: |
| --- |
| TIME: |
| TITLE: |

# My Ebony Thoughts

| DATE: |
| --- |
| TIME: |
| TITLE: |

# My Ebony Thoughts

**DATE:**

**TIME:**

**TITLE:**

# My Ebony Thoughts

| DATE: |
|---|
| TIME: |
| TITLE: |
|  |
|  |
|  |
|  |
|  |
|  |
|  |
|  |
|  |
|  |
|  |
|  |
|  |
|  |
|  |
|  |
|  |
|  |
|  |
|  |

# My Ebony Thoughts

| DATE: |
|---|
| TIME: |
| TITLE: |
|  |
|  |
|  |
|  |
|  |
|  |
|  |
|  |
|  |
|  |
|  |
|  |
|  |
|  |
|  |
|  |
|  |
|  |
|  |
|  |

# My Ebony Thoughts

**DATE:**

**TIME:**

**TITLE:**

# My Ebony Thoughts

**DATE:**

**TIME:**

**TITLE:**

# My Ebony Thoughts

| DATE: |
| TIME: |
| TITLE: |

# My Ebony Thoughts

**DATE:**

**TIME:**

**TITLE:**

# My Ebony Thoughts

| DATE: |
|---|
| TIME: |
| TITLE: |

# My Ebony Thoughts

**DATE:**

**TIME:**

**TITLE:**

# My Ebony Thoughts

| DATE: |
| --- |
| TIME: |
| TITLE: |

# My Ebony Thoughts

| | |
|---|---|
| **DATE:** | |
| **TIME:** | |
| **TITLE:** | |

# My Ebony Thoughts

**DATE:**

**TIME:**

**TITLE:**

# My Ebony Thoughts

| DATE: |
| TIME: |
| TITLE: |

# My Ebony Thoughts

**DATE:**

**TIME:**

**TITLE:**

# My Ebony Thoughts

**DATE:**

**TIME:**

**TITLE:**

# My Ebony Thoughts

| | |
|---|---|
| **DATE:** | |
| **TIME:** | |
| **TITLE:** | |

# My Ebony Thoughts

| DATE: |
|---|
| TIME: |
| TITLE: |

# My Ebony Thoughts

| DATE: |
| TIME: |
| TITLE: |

# My Ebony Thoughts

DATE:

TIME:

TITLE:

# My Ebony Thoughts

| DATE: |
|---|
| TIME: |
| TITLE: |
| |
| |
| |
| |
| |
| |
| |
| |
| |
| |
| |
| |
| |
| |
| |
| |
| |
| |
| |
| |

# My Ebony Thoughts

| DATE: |
| --- |
| TIME: |
| TITLE: |

# My Ebony Thoughts

**DATE:**

**TIME:**

**TITLE:**

# My Ebony Thoughts

**DATE:**

**TIME:**

**TITLE:**

# My Ebony Thoughts

| DATE: |
| --- |
| TIME: |
| TITLE: |

# My Ebony Thoughts

DATE:

TIME:

TITLE:

# My Ebony Thoughts

**DATE:**

**TIME:**

**TITLE:**

# My Ebony Thoughts

| DATE: |
|---|
| TIME: |
| TITLE: |

# My Ebony Thoughts

| DATE: |
|---|
| TIME: |
| TITLE: |

# My Ebony Thoughts

**DATE:**

**TIME:**

**TITLE:**

# My Ebony Thoughts

**DATE:**

**TIME:**

**TITLE:**

# My Ebony Thoughts

**DATE:**

**TIME:**

**TITLE:**

# My Ebony Thoughts

DATE:

TIME:

TITLE:

# My Ebony Thoughts

**DATE:**

**TIME:**

**TITLE:**

# My Ebony Thoughts

| | |
|---|---|
| **DATE:** | |
| **TIME:** | |
| **TITLE:** | |

# My Ebony Thoughts

**DATE:**

**TIME:**

**TITLE:**

# My Ebony Thoughts

**DATE:**

**TIME:**

**TITLE:**

# My Ebony Thoughts

| DATE: |
|---|
| **TIME:** |
| **TITLE:** |
| |
| |
| |
| |
| |
| |
| |
| |
| |
| |
| |
| |
| |
| |
| |
| |
| |
| |
| |
| |

# My Ebony Thoughts

**DATE:**

**TIME:**

**TITLE:**

# My Ebony Thoughts

**DATE:**

**TIME:**

**TITLE:**

# My Ebony Thoughts

| DATE: |
|---|
| TIME: |
| TITLE: |

# My Ebony Thoughts

**DATE:**

**TIME:**

**TITLE:**

# My Ebony Thoughts

| DATE: |
| --- |
| TIME: |
| TITLE: |
| |
| |
| |
| |
| |
| |
| |
| |
| |
| |
| |
| |
| |
| |
| |
| |
| |
| |
| |
| |

# My Ebony Thoughts

**DATE:**

**TIME:**

**TITLE:**

# My Ebony Thoughts

**DATE:**

**TIME:**

**TITLE:**

# My Ebony Thoughts

**DATE:**

**TIME:**

**TITLE:**

# My Ebony Thoughts

| DATE: |
|---|
| TIME: |
| TITLE: |

# My Ebony Thoughts

**DATE:**

**TIME:**

**TITLE:**

# My Ebony Thoughts

| DATE: |
|---|
| TIME: |
| TITLE: |
|  |
|  |
|  |
|  |
|  |
|  |
|  |
|  |
|  |
|  |
|  |
|  |
|  |
|  |
|  |
|  |
|  |
|  |
|  |
|  |

# My Ebony Thoughts

DATE:

TIME:

TITLE:

# My Ebony Thoughts

| DATE: |
|---|
| TIME: |
| TITLE: |

# My Ebony Thoughts

**DATE:**

**TIME:**

**TITLE:**

# My Ebony Thoughts

| DATE: |
|-------|
| TIME: |
| TITLE: |

# My Ebony Thoughts

**DATE:**

**TIME:**

**TITLE:**

# My Ebony Thoughts

**DATE:**

**TIME:**

**TITLE:**

# My Ebony Thoughts

**DATE:**

**TIME:**

**TITLE:**

# My Ebony Thoughts

**DATE:**

**TIME:**

**TITLE:**

# My Ebony Thoughts

DATE:

TIME:

TITLE:

# My Ebony Thoughts

DATE:

TIME:

TITLE:

# My Ebony Thoughts

| DATE: |
| TIME: |
| TITLE: |

# My Ebony Thoughts

| DATE: |
| --- |
| TIME: |
| TITLE: |

# My Ebony Thoughts

**DATE:**

**TIME:**

**TITLE:**

# My Ebony Thoughts

| | |
|---|---|
| **DATE:** | |
| **TIME:** | |
| **TITLE:** | |

# My Ebony Thoughts

**DATE:**

**TIME:**

**TITLE:**

# My Ebony Thoughts

**DATE:**

**TIME:**

**TITLE:**

# My Ebony Thoughts

**DATE:**

**TIME:**

**TITLE:**

# My Ebony Thoughts

| DATE: |
|---|
| TIME: |
| TITLE: |
| |
| |
| |
| |
| |
| |
| |
| |
| |
| |
| |
| |
| |
| |
| |
| |
| |
| |
| |
| |

# My Ebony Thoughts

DATE:

TIME:

TITLE:

# My Ebony Thoughts

| |
|---|
| **DATE:** |
| **TIME:** |
| **TITLE:** |

# My Ebony Thoughts

**DATE:**

**TIME:**

**TITLE:**

# My Ebony Thoughts

**DATE:**

**TIME:**

**TITLE:**

# My Ebony Thoughts

DATE:

TIME:

TITLE:

# My Ebony Thoughts

**DATE:**

**TIME:**

**TITLE:**

# My Ebony Thoughts

| DATE: |
| --- |
| TIME: |
| TITLE: |
| |
| |
| |
| |
| |
| |
| |
| |
| |
| |
| |
| |
| |
| |
| |
| |
| |
| |
| |

# My Ebony Thoughts

| DATE: |
| --- |
| TIME: |
| TITLE: |

# My Ebony Thoughts

| DATE: |
|---|
| TIME: |
| TITLE: |

# My Ebony Thoughts

| |
|---|
| DATE: |
| TIME: |
| TITLE: |
| |
| |
| |
| |
| |
| |
| |
| |
| |
| |
| |
| |
| |
| |
| |
| |
| |
| |

# My Ebony Thoughts

| | |
|---|---|
| **DATE:** | |
| **TIME:** | |
| **TITLE:** | |

# My Ebony Thoughts

**DATE:**

**TIME:**

**TITLE:**

# My Ebony Thoughts

**DATE:**

**TIME:**

**TITLE:**

# My Ebony Thoughts

| | |
|---|---|
| **DATE:** | |
| **TIME:** | |
| **TITLE:** | |

# My Ebony Thoughts

DATE:

TIME:

TITLE:

# My Ebony Thoughts

| |
|---|
| **DATE:** |
| **TIME:** |
| **TITLE:** |
| |
| |
| |
| |
| |
| |
| |
| |
| |
| |
| |
| |
| |
| |
| |
| |
| |
| |
| |
| |

# My Ebony Thoughts

| | |
|---|---|
| **DATE:** | |
| **TIME:** | |
| **TITLE:** | |

# My Ebony Thoughts

**DATE:**

**TIME:**

**TITLE:**

# My Ebony Thoughts

**DATE:**

**TIME:**

**TITLE:**

# My Ebony Thoughts

DATE:

TIME:

TITLE:

# My Ebony Thoughts

**DATE:**

**TIME:**

**TITLE:**

# My Ebony Thoughts

| DATE: |
|---|
| TIME: |
| TITLE: |
|  |
|  |
|  |
|  |
|  |
|  |
|  |
|  |
|  |
|  |
|  |
|  |
|  |
|  |
|  |
|  |
|  |
|  |
|  |

# My Ebony Thoughts

**DATE:**

**TIME:**

**TITLE:**

# My Ebony Thoughts

| DATE: |
| TIME: |
| TITLE: |

# My Ebony Thoughts

**DATE:**

**TIME:**

**TITLE:**

# My Ebony Thoughts

DATE:

TIME:

TITLE:

# My Ebony Thoughts

| DATE: |
|---|
| TIME: |
| TITLE: |
|  |
|  |
|  |
|  |
|  |
|  |
|  |
|  |
|  |
|  |
|  |
|  |
|  |
|  |
|  |
|  |
|  |
|  |
|  |
|  |

# My Ebony Thoughts

| DATE: |
| TIME: |
| TITLE: |
| |
| |
| |
| |
| |
| |
| |
| |
| |
| |
| |
| |
| |
| |
| |
| |
| |
| |
| |
| |

# My Ebony Thoughts

DATE:

TIME:

TITLE:

# My Ebony Thoughts

| DATE: |
|---|
| TIME: |
| TITLE: |

# My Ebony Thoughts

| DATE: |
| TIME: |
| TITLE: |

# My Ebony Thoughts

| | |
|---|---|
| **DATE:** | |
| **TIME:** | |
| **TITLE:** | |

# My Ebony Thoughts

DATE:

TIME:

TITLE:

# My Ebony Thoughts

| DATE: |
| TIME: |
| TITLE: |

# My Ebony Thoughts

| DATE: |
|---|
| TIME: |
| TITLE: |

www.ingramcontent.com/pod-product-compliance
Lightning Source LLC
Chambersburg PA
CBHW070231180526
45158CB00001BA/336